Análisis de la percepción académica desde la óptica del estudiante

Evaluación docente como modelo de mejora continua en el aula universitaria.

BSC

SANDRA ANGÉLICA PÉREZ ALARCÓN

ADRIÁN VENTURA LARES

KAREN MARISELA MENDOZA UREÑA

FRANCISCO JAVIER LUEVANO DE LA ROSA

BSC

23 de diciembre, 2023

Análisis de la percepción académica desde la óptica del estudiante

Evaluación docente como modelo de mejora continua en el aula universitaria.

by

M.C Sandra Angélica Pérez Alarcón

M.C Adrián Ventura Lares

M.C Karen Marisela Mendoza Ureña

M.C. Francisco Javier Luevano de la Rosa

B Sides Collection

ISBN: 978-1-948150-75-0

ÍNDICE

AGRADECIMIENTO

El trabajo docente en su proceso de enseñanza aprendizaj es arduo y requiere en estos tiempos actuales de una constant medición en loa tópicos de valores y eficiencia, tanto de profesor como del estudiante.

Esta publicación es una evidencia de todo el desempeñ docente que se realiza durante un año de investigació desarrollado en la Facultad de Ciencias Políticas y Sociales d la Universidad Autónoma de Chihuahua, mismo que : plasma en el día día frente al aula, haciendo de nuestra labc docente una medición de calidad por parte de los estudiantes

En este trabajo de investigación plasmado en el presen libro, es el trabajo de profesores evaluados por los estándare de calidad que maneja nuestra máxima casa de estudios, recopilación de los datos, análisis e interpretación de lc mismos, así como la redacción de los informes pertinentes e cada uno d, e los programas académicos ofertados.

Sírvase este espacio de agradecimiento a los coordinadores de carrera de las licenciaturas en Ciencias de la Comunicación y Relaciones Internacionales; maestros Mariana Rascón Álvarez, Myrna Meza Grajeda y Luis Alberto López Ramírez, por haber sido los copiladores de esta valiosa información. Sin su apoyo este trabajo hubiera sido casi imposible el plasmarlo.

Deje a reflexión este tema de la evaluación docente temprana para eficientizar los procesos académicos que se viven en este apasionante mundo de la enseñanza.

Afectuosamente los autores del texto.

PRESENTACIÓN

Resumen.

A través de la historia, los conceptos educación y enseñanza se han venido afianzando como piezas fundamentales en la construcción y desarrollo de los distintos procesos de formación perceptibles ya desde las antiguas civilizaciones. Al realizar el cotejo y la búsqueda sobre los roles jugados por ambos conceptos, se puede referir que el espacio de poder e influencia que tales representaciones adquieren en el núcleo social, han llegado a ejercerlo también en las distintas culturas primigenias donde ocuparon siempre lugares de importancia. En la actualidad, estos mismos conceptos inciden en la transformación estructural y discursiva de las sociedades modernas, que cuentan entre sus características de cambio implementaciones e innovaciones en sus métodos de enseñanza y evaluación.

Estas diferentes características, definidas como estrategias creativas medibles, incentivan la actividad del docente reconociéndole una participación y compromiso profesional. Por esta razón, cada vez es mayor la exigencia solicitada, pues se pretende generar con ellos un conjunto de proyectos estructurados para aplicar estrategias en la enseñanza, la innovación y la creatividad. Con dicho proyecto el docente puede reestructurar su cátedra de una forma lúdica alejada de lo convencional.

Este compromiso busca además integrar entre sus grupos de investigación a estudiantes de las diferentes carreras, proporcionándoles las herramientas didácticas más adecuadas para su desempeño: la fotografía, la entrevista, las bases de datos y algunas otras que permitirán la construcción de habilidades y capacidades.

La propuesta pretende convertirse en un proyecto plausible en su elaboración, y aplicable en sus diferentes facetas. Las acciones que se buscan implementar obligan un trabajo conjunto de docentes y estudiantes sumados a proyectos que sean de beneficio para el desarrollo de la comunidad universitaria y de la propia sociedad.

Palabras clave: Aprendizaje, Formación profesional, Enseñanza, Innovación educativa

Abstract

On the academic teaching exercise and the joint participation of students. Fieldwork and research proposals at the Facultad de Ciencias Políticas y Sociales

Abstract. Through History, the concepts of education and teaching have been consolidated as fundamental pieces in the construction and development of the different training processes perceptible since ancient civilizations. When comparing and searching for the roles played by both concepts, it can be said that the space of power and influence that such representations acquire in the social nucleus has also come to be exercised in the different primitive cultures, where they always occupied places of importance. At present, these same concepts have an impact on the structural and discursive transformation of modern societies, which count among their characteristics of change implementations and innovations in their teaching and assessment methods.

These different characteristics, defined as measurable creative strategies, encourage the teacher's activity by recognizing their professional participation and commitment. For this reason, the demand is increasing, as the aim is to generate with them a set of structured projects to apply strategies in teaching, innovation and creativity. With this project, the teacher can restructure his or her chair in a playful way that is far from conventional.

This commitment also seeks to integrate students from different careers into its research groups, providing them with the most appropriate didactic tools for their performance: photography, interviews, databases and some others that will allow the construction of skills and capacities. The proposal aims to become a plausible project in its elaboration, and applicable in its different facets. The actions that are sought to be implemented require a joint work of teachers and students in addition to projects that are beneficial for the development of the university community and society itself.

Key words: Learning, Vocational training, Teaching, Educational innovation.

Principios teóricos sobre la evaluación docente

La evaluación docente es un proceso fundamental en el ámbito educativo que busca medir y mejorar el desempeño de los profesionales de la enseñanza. Existen diversos principios teóricos que sustentan la evaluación docente, y aunque las perspectivas pueden variar, algunos principios comunes incluyen:

Orientación hacia la mejora continua: La evaluación docente debe centrarse en el desarrollo profesional del docente, brindando retroalimentación constructiva y apoyo para mejorar sus habilidades pedagógicas. La finalidad no debería ser únicamente punitiva, sino también formativa.

Enfoque integral: La evaluación debe considerar múltiples dimensiones del desempeño docente, como la planificación de clases, la enseñanza efectiva, la gestión del aula, la relación con los estudiantes, la actualización académica, entre otras. Una evaluación integral proporciona una imagen más completa del trabajo del docente.

Participación activa del docente: Los docentes deben participar activamente en el proceso de evaluación, teniendo la oportunidad de autoevaluarse, establecer metas y contribuir con evidencias que respalden su desempeño. La retroalimentación debería ser un diálogo colaborativo entre el evaluador y el docente.

Criterios claros y transparentes: Los criterios de evaluación deben ser transparentes, comprensibles y comunicados de manera efectiva tanto a los docentes como a los evaluadores. Esto ayuda a garantizar que el proceso sea justo y equitativo.

Variedad de instrumentos de evaluación: Se deben utilizar diferentes métodos e instrumentos de evaluación, como observaciones en el aula, revisiones de planes de lecciones, evaluación del rendimiento de los estudiantes, y otros, para obtener una evaluación más completa y precisa.

Contextualización: La evaluación debe tener en cuenta el contexto específico en el que trabaja el docente, considerando las características de los estudiantes, el entorno escolar y los recursos disponibles.

Inclusión de la retroalimentación de los estudiantes: La perspectiva de los estudiantes es valiosa en la evaluación docente. La retroalimentación de los estudiantes puede proporcionar información sobre la efectividad del docente en el aula y su capacidad para motivar y comprometer a los estudiantes en el proceso de aprendizaje.

Énfasis en resultados de aprendizaje: La evaluación docente debería vincularse a los resultados de aprendizaje de los estudiantes. Esto implica evaluar no solo las prácticas pedagógicas del docente, sino también el impacto de esas prácticas en el progreso académico de los estudiantes.

Estos principios teóricos ayudan a diseñar sistemas de evaluación docente más efectivos y justos, contribuyendo a la mejora continua de la calidad educativa.

Beneficios de la evaluación docente

La evaluación docente es un proceso que tiene como objetivo analizar y medir el desempeño de los profesores en sus roles educativos. Los beneficios de la evaluación docente son diversos y pueden incluir:

Mejora de la calidad educativa: La evaluación docente puede identificar áreas de mejora en la enseñanza, lo que permite a los profesores ajustar sus métodos y estrategias para ofrecer una educación de mayor calidad.

Retroalimentación para el desarrollo profesional: Proporciona retroalimentación constructiva a los docentes, ayudándolos a identificar sus fortalezas y áreas de mejora. Esto contribuye al desarrollo profesional continuo.

Identificación de buenas prácticas: La evaluación permite identificar y reconocer las prácticas pedagógicas efectivas. Estas pueden compartirse entre colegas para mejorar la enseñanza en general.

Motivación para la excelencia: La posibilidad de ser evaluado puede motivar a los profesores a esforzarse por la excelencia en su labor educativa, ya que saben que su desempeño será evaluado de manera objetiva.

Responsabilidad y rendición de cuentas: La evaluación docente contribuye a establecer un sentido de responsabilidad y rendición de cuentas en el ámbito educativo. Los docentes son responsables de sus acciones y resultados.

Toma de decisiones informada: Los resultados de la evaluación pueden utilizarse para tomar decisiones informadas a nivel institucional, como la asignación de recursos, la planificación de capacitaciones y la implementación de políticas educativas.

Mejora del clima escolar: La evaluación puede contribuir a la creación de un clima escolar positivo al fomentar la colaboración entre docentes, estudiantes, padres y administradores.

Alineación con estándares educativos: La evaluación docente puede ayudar a asegurar que la enseñanza esté alineada con los estándares educativos y las metas institucionales, promoviendo así la coherencia en el sistema educativo.

Es importante destacar que la implementación de la evaluación docente debe realizarse de manera justa, transparente y objetiva, tomando en cuenta la diversidad de contextos educativos y considerando la retroalimentación como una herramienta para el crecimiento profesional, más que como una medida punitiva.

La evaluación docente es un proceso fundamental en el ámbito educativo que busca medir y mejorar el desempeño de los profesionales de la enseñanza. Existen diversos principios teóricos que sustentan la evaluación docente, y aunque las perspectivas pueden variar, algunos principios comunes incluyen:

1. **Orientación hacia la mejora continua:** La evaluación docente debe centrarse en el desarrollo profesional del docente, brindando retroalimentación constructiva y apoyo para mejorar sus habilidades pedagógicas. La finalidad no debería ser únicamente punitiva, sino también formativa.

2. **Enfoque integral:** La evaluación debe considerar múltiples dimensiones del desempeño docente, como la planificación de clases, la enseñanza efectiva, la gestión del aula, la relación con los estudiantes, la actualización académica, entre otras. Una evaluación integral proporciona una imagen más completa del trabajo del docente.

3. **Participación activa del docente:** Los docentes deben participar activamente en el proceso de evaluación, teniendo la oportunidad de autoevaluarse, establecer metas y contribuir con evidencias que respalden su desempeño. La retroalimentación debería ser un diálogo colaborativo entre el evaluador y el docente.

4. **Criterios claros y transparentes:** Los criterios de evaluación deben ser transparentes, comprensibles y comunicados de manera efectiva tanto a los docentes como a los evaluadores. Esto ayuda a garantizar que el proceso sea justo y equitativo.

5. **Variedad de instrumentos de evaluación:** Se deben utilizar diferentes métodos e instrumentos de evaluación, como observaciones en el aula, revisiones de planes de lecciones, evaluación del rendimiento de los estudiantes, y otros, para obtener una evaluación

más completa y precisa.

6. **Contextualización:** La evaluación debe tener en cuenta el contexto específico en el que trabaja el docente, considerando las características de los estudiantes, el entorno escolar y los recursos disponibles.

7. **Inclusión de la retroalimentación de los estudiantes:** La perspectiva de los estudiantes es valiosa en la evaluación docente. La retroalimentación de los estudiantes puede proporcionar información sobre la efectividad del docente en el aula y su capacidad para motivar y comprometer a los estudiantes en el proceso de aprendizaje.

8. **Énfasis en resultados de aprendizaje:** La evaluación docente debería vincularse a los resultados de aprendizaje de los estudiantes.

Esto implica evaluar no solo las prácticas pedagógicas del docente, sino también el impacto de esas prácticas en el progreso académico de los estudiantes.

Estos principios teóricos ayudan a diseñar sistemas de evaluación docente más efectivos y justos, contribuyendo a la mejora continua de la calidad educativa.

Metodología de la evaluación docente

La evaluación docente es un proceso crucial para medir el desempeño y la efectividad de los profesores en su labor educativa. La metodología de la evaluación docente puede variar según la institución educativa, el nivel educativo y los objetivos específicos que se busquen alcanzar. Aquí hay algunas consideraciones generales que suelen formar parte de la metodología de la evaluación docente:

Criterios de Evaluación:

Definición de criterios claros y específicos que se utilizarán para evaluar a los docentes. Estos criterios pueden incluir habilidades pedagógicas, conocimiento del contenido, capacidad de comunicación, relaciones con los estudiantes, entre otros.

Instrumentos de Evaluación:

Desarrollo de instrumentos de evaluación adecuados, como cuestionarios, entrevistas, observaciones en el aula, revisiones de portafolios, entre otros. Estos instrumentos deben estar alineados con los criterios establecidos y ser capaces de proporcionar una visión integral del desempeño docente.

Autoevaluación del Docente:

Inclusión de una autoevaluación por parte del docente, donde reflexiona sobre su propio desempeño, identifica áreas de mejora y establece metas profesionales.

Evaluación por Pares:

Involucramiento de colegas para realizar evaluaciones entre pares. Esta retroalimentación entre docentes puede proporcionar perspectivas valiosas desde la misma comunidad educativa.

Evaluación por Estudiantes:

Recolección de opiniones y retroalimentación de los estudiantes sobre la enseñanza, utilizando encuestas o cuestionarios específicamente diseñados para este propósito. Es importante que estos instrumentos sean constructivos y busquen mejorar la calidad educativa.

Evaluación por Parte de Supervisores:

Participación de supervisores o directores escolares en la evaluación, quienes pueden realizar observaciones en el aula, revisar planes de lecciones y proporcionar una evaluación más amplia del desempeño del docente.

Resultados y Retroalimentación:

Análisis de los resultados de la evaluación y proporcionar retroalimentación constructiva a los docentes. Esto puede incluir la identificación de fortalezas, áreas de mejora y el desarrollo de planes de acción para el crecimiento profesional.

Ciclo Continuo de Evaluación:

Establecimiento de un ciclo continuo de evaluación que permita a los docentes recibir retroalimentación regular y la oportunidad de mejorar constantemente en su práctica.

Confidencialidad y Ética:

Garantizar la confidencialidad de la evaluación y asegurar que el proceso se lleve a cabo de manera ética, respetando los derechos y dignidad de los docentes evaluados.

Es importante destacar que la evaluación docente debe ser un proceso justo, transparente y centrado en el desarrollo profesional, más que en la simple identificación de deficiencias. Además, la participación activa de los docentes en el proceso puede aumentar la efectividad de la evaluación y promover un ambiente de aprendizaje colaborativo.

Análisis de la evaluación docente en el tiempo

El análisis de la evaluación docente a lo largo del tiempo es crucial para comprender la efectividad de las prácticas educativas, identificar áreas de mejora y tomar decisiones informadas para el desarrollo continuo del personal docente. Aquí te presento un enfoque general para llevar a cabo este análisis:

1. Recopilación de Datos:

Datos Históricos: Recolecta datos de evaluaciones docentes de años anteriores.

Instrumentos de Evaluación: Examina los instrumentos utilizados en cada periodo para evaluar la coherencia y relevancia.

Participación: Analiza la tasa de participación en las evaluaciones a lo largo del tiempo.

2. Indicadores de Desempeño:

Resultados Generales: Examina las puntuaciones generales a lo largo del tiempo para identificar tendencias.

Dimensiones Específicas: Analiza las áreas específicas evaluadas (enseñanza, evaluación, relación con estudiantes, etc.).

Comparación por Niveles Educativos: Si es aplicable, compara los resultados entre diferentes niveles educativos.

3. Feedback Cualitativo:

Comentarios de Estudiantes: Analiza los comentarios proporcionados por los estudiantes para obtener perspectivas cualitativas.

Observaciones del Personal Escolar: Considera las observaciones y comentarios del personal administrativo y colegas.

4. Identificación de Tendencias:

Mejoras o Retrocesos: Identifica áreas que han mostrado mejoras consistentes o deterioro a lo largo del tiempo.

Eventos Externos: Ten en cuenta eventos externos que podrían haber influido en los resultados (cambios en políticas educativas, recursos disponibles, etc.).

5. Factores Influyentes:

Desarrollo Profesional: Evalúa cómo las oportunidades de desarrollo profesional pueden haber afectado el desempeño docente.

Cambio de Personal: Considera el impacto de cambios en el personal docente en los resultados.

6. Retroalimentación y Mejora Continua:

Retroalimentación a Docentes: Proporciona retroalimentación específica a los docentes basada en los resultados.

Implementación de Mejoras: Identifica áreas clave para la mejora y desarrolla planes de acción específicos.

7. Comparaciones Externas:

Comparaciones Regionales/Nacionales: Si es posible, compara los resultados con evaluaciones docentes a nivel regional o nacional.

8. Participación Comunitaria:

Involucramiento de Padres y Comunidad: Examina la percepción de los padres y la comunidad sobre el desempeño docente y cómo ha evolucionado con el tiempo.

9. Evaluación de la Efectividad del Proceso de Evaluación:

Análisis del Proceso de Evaluación: Evalúa la efectividad del proceso de evaluación en sí mismo, identificando posibles sesgos o áreas de mejora.

10. Planificación para el Futuro:

Implementación de Cambios: Desarrolla estrategias para implementar cambios basados en los hallazgos.

Monitoreo Continuo: Establece un sistema de monitoreo continuo para evaluar la efectividad de las intervenciones y ajustarlas según sea necesario.

Al realizar un análisis detallado y holístico de la evaluación docente en el tiempo, las instituciones educativas pueden tomar decisiones informadas para mejorar la calidad de la enseñanza y el aprendizaje.

Desarrollo histórico de la evaluación docente moderna

El desarrollo histórico de la evaluación docente moderna es un proceso complejo que ha evolucionado a lo largo del tiempo en respuesta a cambios en la educación, la sociedad y las demandas de rendición de cuentas. Aquí se presenta un breve panorama de la evolución de la evaluación docente:

Inicios del Siglo XX:

En los primeros años del siglo XX, la evaluación docente estaba más centrada en la observación directa del desempeño en el aula por parte de supervisores escolares.

Décadas de 1950-1970:

Se introdujeron sistemas más formales de evaluación docente, a menudo centrados en la observación y en la revisión de planes de lecciones. Sin embargo, estos sistemas a menudo carecían de estándares uniformes y eran subjetivos.

Décadas de 1980-1990:

Hubo un cambio hacia la evaluación basada en estándares. Se desarrollaron marcos de competencias docentes y se empezó a utilizar la retroalimentación de los estudiantes y colegas.

Décadas de 1990-2000:

Aumentó la presión para rendir cuentas en el ámbito educativo. Se implementaron pruebas estandarizadas para evaluar el rendimiento de los estudiantes, y algunos sistemas comenzaron a vincular los resultados de estas pruebas al desempeño docente.

Siglo XXI:

La evaluación docente ha experimentado una mayor diversificación. Además de la observación en el aula, se han introducido encuestas de opinión de los estudiantes, revisiones por pares, carteras de evidencias y evaluaciones basadas en el desempeño.

Énfasis en Resultados y Rendición de Cuentas:

La presión para mejorar los resultados educativos ha llevado a un enfoque más centrado en resultados. Se utilizan datos cuantitativos, como los resultados de pruebas estandarizadas, para evaluar el impacto del profesor en el aprendizaje del estudiante.

Integración de la Tecnología:

La tecnología ha comenzado a desempeñar un papel importante en la evaluación, permitiendo la recopilación de datos en tiempo real y la implementación de sistemas más eficientes.

Desafíos Actuales:

A pesar de los avances, persisten desafíos en la evaluación docente, como la subjetividad inherente, la resistencia de algunos educadores y la necesidad de encontrar un equilibrio entre la rendición de cuentas y el desarrollo profesional. En resumen, la evaluación docente ha evolucionado desde enfoques más informales hacia sistemas más estructurados y basados en estándares. La búsqueda de métodos más precisos y equitativos continúa en un contexto de creciente énfasis en la calidad educativa y la rendición de cuentas.

Evaluación docente en México, inicios y su gran desafío en la actualidad

La evaluación docente en México ha experimentado diversas etapas a lo largo del tiempo. A continuación, se presenta un resumen de las principales etapas y eventos relacionados con la evaluación docente en el país:

Antecedentes:

En décadas anteriores, la evaluación docente en México no era un proceso sistemático y estandarizado. La evaluación se centraba más en aspectos administrativos que en la calidad educativa.

1992: Creación del INEE:

En 1992 se creó el Instituto Nacional para la Evaluación de la Educación (INEE) como un organismo autónomo con el objetivo de evaluar la calidad, el desempeño y los resultados del sistema educativo mexicano, incluida la evaluación de los docentes.

2008: Evaluación Nacional del Logro Académico en Centros Escolares (ENLACE):

Se implementó la prueba ENLACE como parte de los esfuerzos para medir el rendimiento académico de los estudiantes. Esta prueba no estaba directamente vinculada a la evaluación de los docentes, pero sentó las bases para futuros procesos de evaluación.

Reformas Educativas:

En 2013, el gobierno mexicano impulsó una reforma educativa integral que incluía medidas para evaluar y mejorar el desempeño de los docentes. Entre las medidas destacadas se encontraba la creación de un sistema de evaluación docente más riguroso.

2015: Evaluación del Desempeño Docente:

Se implementó un sistema de Evaluación del Desempeño Docente que incluía pruebas estandarizadas, observación de clases y otros criterios para evaluar la calidad y la eficacia de los maestros.

2016: Resistencia y Modificaciones:

La implementación de la evaluación docente fue objeto de resistencia y protestas por parte de algunos sectores, incluyendo sindicatos de maestros. Como respuesta, se realizaron modificaciones a la evaluación, buscando un enfoque más integral que tomara en cuenta la formación continua y otros factores.

2019: Nueva Reforma Educativa:

En 2019, se llevó a cabo una nueva reforma educativa que derogó la anterior. Esta reforma buscó fortalecer la evaluación del desempeño docente, pero también introdujo cambios para incorporar la participación de los maestros en la construcción de políticas educativas.

Es importante tener en cuenta que la evaluación docente en México ha sido un tema controvertido y ha enfrentado desafíos, especialmente en términos de aceptación y aplicación. Las políticas educativas y la evaluación docente continúan evolucionando en respuesta a las necesidades y demandas de la sociedad y la educación en México.

En que consiste la Evaluación Docente Universitaria

La evaluación docente universitaria es un proceso fundamental para garantizar la calidad de la educación superior. Este tipo de evaluación tiene como objetivo medir y mejorar el desempeño de los profesores en diversos aspectos relacionados con la enseñanza, la investigación y el servicio a la comunidad. A continuación, se destacan algunos puntos clave sobre la evaluación docente universitaria:

Objetivos y Propósitos:

Mejorar la calidad de la enseñanza: La evaluación docente busca identificar áreas de mejora en la práctica educativa para elevar los estándares académicos.

Retroalimentación formativa: Proporcionar retroalimentación constructiva para ayudar a los profesores a desarrollar y mejorar sus habilidades pedagógicas.

Toma de decisiones institucionales: Servir como base para decisiones institucionales, como promociones, reconocimientos y asignación de recursos.

Instrumentos de Evaluación:

Encuestas estudiantiles: Los estudiantes suelen participar en encuestas anónimas para evaluar la efectividad del profesor en aspectos como claridad de la presentación, accesibilidad, y utilidad de los materiales.

Evaluación por pares: Los colegas académicos pueden realizar observaciones de clases, revisar material de enseñanza y proporcionar evaluaciones desde una perspectiva experta.

Autoevaluación: Los profesores pueden reflexionar sobre su propio desempeño y establecer metas de mejora.

Criterios de Evaluación:

Enseñanza efectiva: Evaluación del método de enseñanza, la claridad de las explicaciones y la capacidad para motivar a los estudiantes.

Investigación y publicaciones: Para profesores en instituciones de investigación, se evalúa su contribución a la investigación y publicaciones en revistas especializadas.

Servicio a la comunidad: Participación en actividades extracurriculares, colaboración con la comunidad y contribuciones al desarrollo institucional.

Proceso de Retroalimentación:

Devolución de resultados: Los resultados de la evaluación se comparten con los profesores de manera constructiva y confidencial para facilitar la mejora continua.

Planes de desarrollo profesional: Se pueden establecer planes de desarrollo personalizados para abordar áreas de mejora identificadas durante la evaluación.

Desafíos y Consideraciones:
Sesgo en las evaluaciones: Es importante abordar posibles sesgos en las evaluaciones, como aquellos basados en género, raza o edad.

Enfoque holístico: La evaluación debe considerar diversos aspectos del desempeño docente, no limitándose únicamente a las encuestas estudiantiles.

La implementación efectiva de la evaluación docente universitaria requiere un enfoque equilibrado que considere las diferentes responsabilidades de los profesores en la enseñanza, investigación y servicio. Además, debe promover un ambiente de aprendizaje y desarrollo profesional.

Desafíos de la evaluación docente en la universidad

La evaluación docente en la universidad es un proceso complejo que implica diversos desafíos. A continuación, se mencionan algunos de los desafíos comunes asociados con la evaluación docente en este contexto:

Criterios de evaluación subjetivos: La evaluación docente a menudo se basa en la percepción de los estudiantes, lo que puede llevar a criterios subjetivos. La subjetividad puede deberse a diferencias individuales en las expectativas de los estudiantes, lo que puede afectar la objetividad del proceso.

Diversidad de enfoques pedagógicos: Los docentes pueden utilizar una variedad de métodos de enseñanza, y la evaluación debe ser capaz de reconocer y valorar la diversidad de estilos pedagógicos. La falta de un enfoque único puede dificultar la estandarización de la evaluación.

Balance entre investigación y enseñanza: En las universidades, se espera que los profesores no solo impartan clases sino que también realicen investigaciones. Encontrar un equilibrio adecuado en la evaluación que considere tanto la calidad de la enseñanza como la producción académica puede ser un desafío.

Falta de instrumentos de evaluación adecuados: Desarrollar herramientas de evaluación que capturen de manera precisa y justa la efectividad docente puede ser un desafío. Los cuestionarios de evaluación estandarizados pueden no abordar adecuadamente las características específicas de cada curso o disciplina.

Participación estudiantil: La participación activa de los estudiantes en el proceso de evaluación es esencial, pero puede ser un desafío lograr altos niveles de participación. Factores como el miedo a represalias o la falta de interés pueden afectar la honestidad y la calidad de las evaluaciones.

Efectos del sesgo cultural y de género: Los sesgos culturales y de género pueden influir en la percepción de los estudiantes sobre la efectividad del profesor. Es importante abordar estos sesgos para garantizar una evaluación justa y equitativa.

Presión por resultados: La presión por obtener buenos resultados en las evaluaciones docentes puede afectar la calidad del proceso. Los profesores pueden sentir la necesidad de ajustar sus métodos de enseñanza para obtener calificaciones más altas, lo que podría no ser beneficioso a largo plazo.

Falta de retroalimentación constructiva: La evaluación docente a menudo se centra en calificaciones numéricas o comentarios breves, lo que puede limitar la retroalimentación constructiva. Proporcionar a los profesores información detallada sobre sus fortalezas y áreas de mejora puede ser un desafío.

Evaluación de habilidades blandas: La evaluación docente a menudo se enfoca en la transmisión de conocimientos, pero puede ser difícil evaluar de manera efectiva las habilidades blandas, como la comunicación, la empatía y la capacidad de motivar a los estudiantes.

Resistencia al cambio: Implementar sistemas de evaluación docente puede encontrarse con resistencia por parte de profesores y administradores que pueden percibirlo como una amenaza o una distracción de sus responsabilidades principales.

Superar estos desafíos requiere un enfoque integral que considere la diversidad de contextos universitarios y busque equilibrar la rendición de cuentas con el desarrollo profesional de los docentes.

Evaluación docente más allá de las estadísticas

La evaluación docente es una herramienta fundamental para medir el desempeño de los profesores y mejorar la calidad educativa. Aunque las estadísticas y métricas son componentes importantes de este proceso, es esencial considerar otros aspectos más allá de los números. Aquí hay algunas perspectivas adicionales a tener en cuenta:

Observación en el aula: Realizar observaciones directas en el aula proporciona información valiosa sobre las habilidades pedagógicas del docente, su capacidad para gestionar el aula, interactuar con los estudiantes y adaptarse a diferentes estilos de aprendizaje.

Retroalimentación cualitativa: Incorporar comentarios cualitativos de los estudiantes, colegas y administradores puede ofrecer una visión más completa del desempeño del docente. Estos comentarios pueden destacar fortalezas específicas, identificar áreas de mejora y proporcionar perspectivas únicas.

Innovación pedagógica: Evaluar la disposición del docente para adoptar enfoques innovadores en la enseñanza. Esto puede incluir el uso de tecnología, métodos de enseñanza activos, proyectos interdisciplinarios y otras estrategias que fomenten el compromiso y la participación de los estudiantes.

Colaboración y trabajo en equipo: Evaluar la capacidad del docente para colaborar con colegas, participar en equipos educativos y contribuir al desarrollo curricular. La colaboración puede ser crucial para el éxito a largo plazo en un entorno educativo.

Compromiso con el desarrollo profesional: Evaluar la disposición del docente para participar en oportunidades de desarrollo profesional continuo. Los educadores que buscan mejorar constantemente y mantenerse actualizados en las mejores prácticas suelen tener un impacto positivo en el aprendizaje de los estudiantes.

Impacto en el aprendizaje: Considerar cómo el docente afecta directamente el progreso académico y socioemocional de los estudiantes. Los resultados de aprendizaje, las habilidades adquiridas y el desarrollo de actitudes positivas hacia el aprendizaje son indicadores clave de la efectividad del docente.

Clima del aula: Evaluar el ambiente emocional y social del aula. Un ambiente de aprendizaje positivo puede tener un impacto significativo en el bienestar de los estudiantes y en su disposición para participar activamente en el proceso educativo.

Al combinar estos aspectos con las estadísticas tradicionales, se obtiene una evaluación más holística del desempeño docente, permitiendo una toma de decisiones más informada y una mejora continua en la calidad educativa.

Importancia de la evaluación docente en la investigación científica universitaria

Si se quiere partir desde la obra de Melgar Adalid, quien señala que la tercera modificación hecha al artículo 3º. Constitucional fue publicado en el Diario Oficial de la Federación, de fecha 9 de junio de 1980. Consistió en la adición de una nueva fracción, la VIII, con la siguiente redacción:

Las universidades y las demás instituciones de educación superior a las que la ley otorgue autonomía, tendrán la facultad y la responsabilidad de gobernarse a sí mismas; realizarán sus fines de educar, investigar y difundir la cultura de acuerdo con los principios de este artículo, respetando la libertad de cátedra e investigación y de libre examen y discusión de las ideas; determinarán sus planes y programas; fijarán los términos de ingreso, promoción y permanencia de su personal académico; y administrarán su patrimonio.

Tendríamos que reconocer que dicho artículo hace mención sobre los fines que las universidades e instituciones de educación superior tienen, que son las de "educar, investigar y difundir la cultura", luego entonces este proyecto muestra como los trabajos conjuntos entre docente-estudiante son de auxilio en la educación y la enseñanza y como estos dos conceptos se fusionan. En este trabajo se muestra cómo el académico puede desarrollar temáticas de interés para el estudiante y perfeccionamiento de su perfil profesional con la aplicación de herramientas didácticas.

Además, esa constante medición de índices en el desempeño docente es imprescindible, como lo exponen autores como Rosano y Vries Meijer: La evaluación de la docencia requiere de propósitos, del reconocimiento de la naturaleza de lo que se somete a evaluación, de la definición de quien realizará la evaluación y de la elección de las fuentes de información que se utilizaran. Una de las fuentes más utilizadas para obtener información sobre la docencia es la opinión de los alumnos por medio de cuestionarios, aun cuando la literatura recomienda otros referentes que las instituciones deben aprovechar, entre los que se citan: la evaluación entre pares académicos, la observación, autoevaluación vertida en la elaboración de informes y portafolios. La ventaja de estas herramientas es que pueden ser adquiridas en el momento y mientras se realiza la investigación. Además de adecuar algunos talleres de capacitación más formales con el auxilio de los propios coordinadores de la facultad o con personal de colaboración que en común acuerdo decida sumarse al proyecto. Villar Angulo menciona que Las formas de entender la docencia y el aprendizaje en el contexto universitario dependen, en muchas ocasiones, de la cultura académica de las distintas facultades y Escuelas y están en parte condicionadas por el tipo de saber que en él se transmite (ciencias sociales, experimentales, humanas, etcétera).

En efecto, es bien sabido que en la formación profesional existen varias disciplinas y algunas de ellas se prestan a la perfección para la construcción de proyectos de investigación. Aunque la enseñanza va evolucionando, buena parte de las herramientas utilizadas años atrás, siguen siendo vigentes, pues se han sabido aclimatar a los procesos tecnológicos de transformación, tal es el caso del ejercicio fotográfico, la visita a campo, la entrevista y la búsqueda de fuentes fundamentan la disciplina, le otorgan sentido a su actividad y una credibilidad sobra cada una de las tareas que realiza dentro de su radio de acción:

La fundamentación de la carrera profesional está

integrada por una serie de investigaciones previas, consideradas evaluaciones (véase unidad 5), que sustentan y apoyan el porqué de la creación de una carrera y por qué esa carrera profesional es la más adecuada para resolver los problemas detectados. Sin una fundamentación, probablemente la carrera profesional no tendría ninguna vinculación real con la problemática apremiante del país ni con el mercado laboral; por lo tanto, carecería de un valor real y los egresados estarían destinados al subempleo o a realizar sus actividades en un área totalmente distinta de su campo de acción.

En lo que respecta a la aplicación de estas herramientas en los proyectos de investigación, podemos agregar que los resultados han sido satisfactorios, pues, aunque en un inicio estos trabajos no cuenten con una presentación tan afinada y que tal vez su rigor no sea de lo más acabado, si permite al estudiante un acercamiento más directo con la investigación, lo que determina un gusto por el trabajo de campo, la revisión de fuentes archivísticas, la consulta hemerográfica y sobre todo, la inclusión en los proyectos y avances de profesores investigadores respecto a la educación, la enseñanza y las múltiples fuentes teóricas, refiriéndonos a este término como lo presenta Fermoso Estébanez.

Etimológicamente el vocablo theoria significa, en griego, contemplación, o sea, el pensamiento desinteresado y puro. Aristóteles dividió la filosofía en teorética, práctica y poética; la teoría se proponía alcanzar el conocimiento en cuanto tal, no un objetivo práctico, e incluía la filosofía natural o física, las matemáticas y la metafísica. Teoría era, pues, la más alta filosofía y el pensamiento humano más puro.

Un ejemplo sobre esta actividad lo podemos observar en el presente trabajo, donde se abordan los estudios exploratorios en la franja fronteriza como una aproximación a la investigación por parte de docentes, egresados y estudiantes de la Facultad de Ciencias Políticas y Sociales. Estas propuestas de investigación conjunta se pueden convertir en una veta inagotable de temáticas para la construcción de opciones ensayísticas, donde el profesor investigador puede hacerse acompañar por algunos estudiantes interesados en las actividades académicas que, obviamente le permitirán adquirir cierta destreza y profesionalización en su formación.

Aplicación de la evaluación docente en la Facultad de Ciencias Políticas y Sociales UACH

La evaluación temprana en la Facultad de Ciencias Políticas y Sociales, es un proceso fundamental que permite medir el progreso académico de los estudiantes desde las etapas iniciales de sus programas de estudio.

Este enfoque ofrece una visión integral de su desempeño, identificando áreas de fortaleza y oportunidades de mejora. A través de evaluaciones continuas, los docentes pueden adaptar estrategias pedagógicas para garantizar un aprendizaje efectivo y brindar a los estudiantes el apoyo necesario para alcanzar sus metas académicas.

Este proceso de evaluación se ha implementado en cada programa académico, abarcando a 382 estudiantes del programa de Ciencias de la Comunicación, 456 estudiantes para el programa de Relaciones Internacionales. La evaluación consiste en un cuestionario de 24 preguntas, el cual será analizado detalladamente a continuación.

Análisis del programa de Ciencias de la Comunicación

1. El docente inicia puntualmente su clase:
382 respuestas

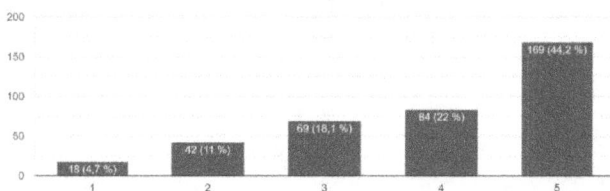

El 44% de los alumnos observa que los docentes comienzan las clases de manera puntual.

2. El docente termina la clase en la hora estipulada:
382 respuestas

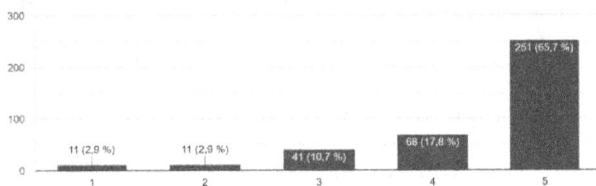

Siete de cada diez alumnos opinan que el docente concluye su clase puntualmente según el horario establecido.

3. El docente falta a clases:
382 respuestas

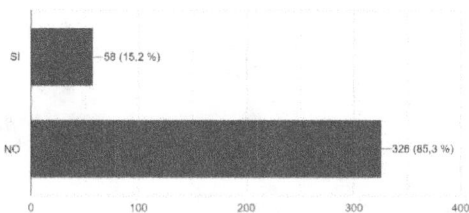

La mayoría considera que el docente no falta a clases.

4. El docente ha faltado más de dos veces a clase:
382 respuestas

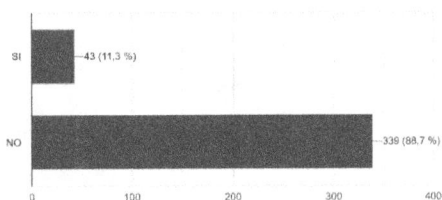

SI	43 (11,3 %)
NO	339 (88,7 %)

Los alumnos perciben que el docente no ha faltado más de dos veces a clases.

5. Revisó con el grupo el programa de la materia:
382 respuestas

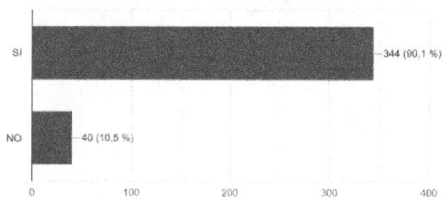

La mayoría identifica el desarrollo del programa de la materia.

6. El docente explicó de manera clara la forma en que será evaluada la materia y la ponderación de los diferentes criterios a considerar para su acreditación:
382 respuestas

El 60% de los alumnos tiene una comprensión clara de la forma en que se evalúa la materia y la ponderación de los criterios para su acreditación.

7. El docente toma asistencia en todas sus clases:
382 respuestas

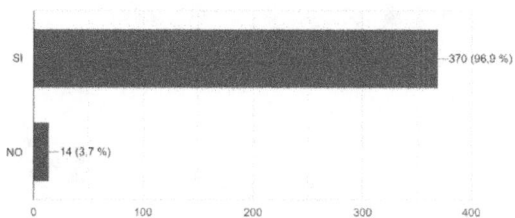

La totalidad de los docentes realiza el registro de asistencia en sus clases.

8. La forma en que aborda los contenidos me hacen ver que es experto en el tema:
382 respuestas

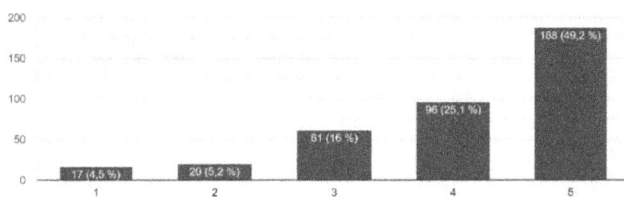

El 50% de los estudiantes percibe que el docente posee un alto nivel de expertise en la materia.

9. El docente brinda ejemplos prácticos que me hacen aprender fácilmente:
382 respuestas

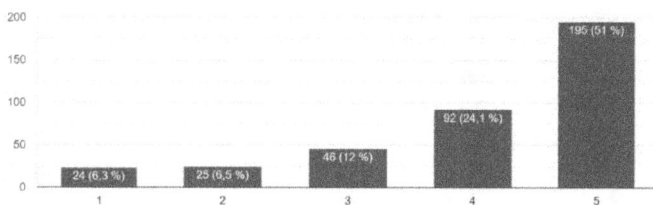

La mayoría de los estudiantes considera los ejemplos proporcionados por el docente como prácticos y facilitadores para su aprendizaje.

10. El docente me resuelve dudas y preguntas en clase:
382 respuestas

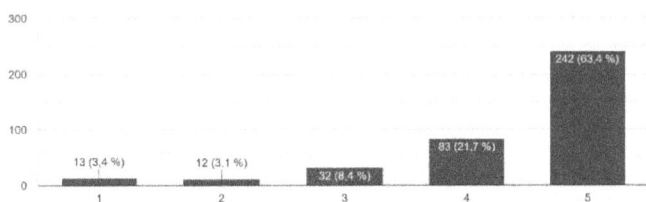

Seis de cada diez alumnos experimentan que el docente responde de manera efectiva a sus dudas y preguntas durante la clase.

11. El docente brinda espacios alternos, fuera de la sesión de clase para dar respuesta a alguna duda o responder a alguna dificultad que tengo para comprender algún tema:
382 respuestas

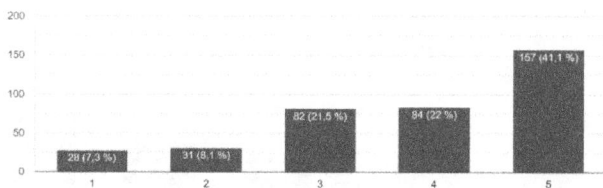

El 40% de los estudiantes notan que el docente ofrece apoyo adicional fuera de las clases para abordar cualquier dificultad en la compresión de los temas.

12. Las actividades que pide el docente definitivamente me permiten desarrollar nuevas habilidades:

382 respuestas

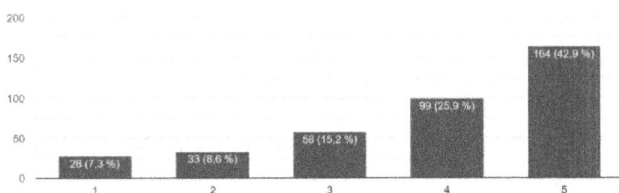

El 43% de los estudiantes experimenta que las actividades propuestas por el docente les brindan la oportunidad de desarrollar nuevas habilidades.

13. El docente siempre presenta el objetivo, hace un desarrollo y termina con una conclusión su clase:

382 respuestas

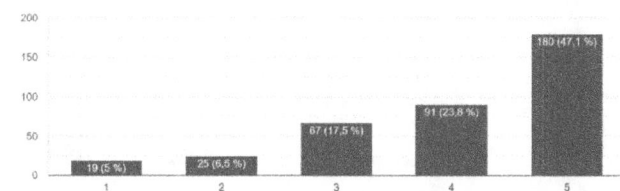

La mitad del grupo observa que el docente estructura sus clases de manera clara, presentando objetivos, desarrollando el contenido y concluyendo de manera efectiva.

14. El docente siempre expone con diapositivas para explicar los contenidos:
382 respuestas

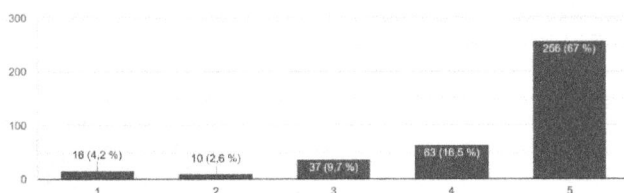

Siete de cada diez alumnos perciben que el docente utiliza constantemente diapositivas al explicar los contenidos.

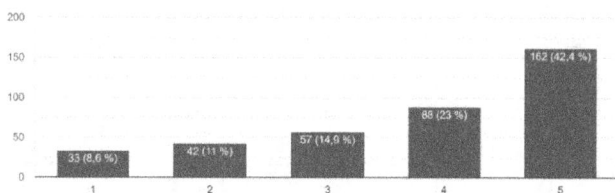

El 43% de los estudiantes observa que el docente enriquece la explicación de los contenidos al utilizar una variedad de recursos y herramientas demostrando un enfoque más allá del simple empleo de diapositivas.

16. El docente trata con respeto a todos los alumnos:
382 respuestas

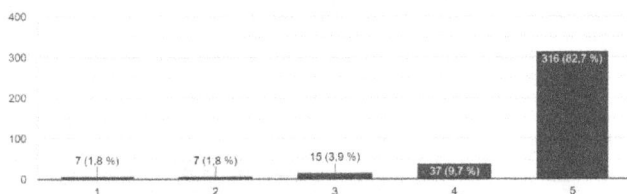

Ocho de cada diez alumnos experimentan un trato respetuoso por parte del docente.

17. El docente tiene un buen manejo de todo el grupo (la clase tiene orden y control):
382 respuestas

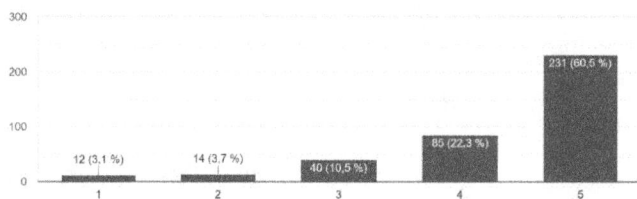

El 61% de los alumnos opina que el docente exhibe un sólido manejo y control del grupo.

18. El docente siempre motiva la participación de los alumnos:
382 respuestas

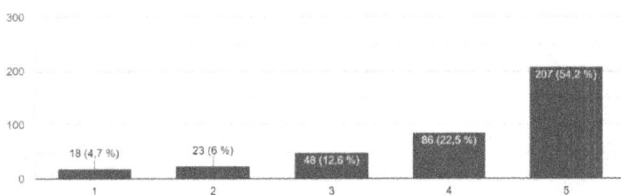

Más del 50% de los estudiantes percibe que el docente estimula activamente la participación de los alumnos.

19. El docente siempre muestra preferencias con algunos compañeros del grupo:
382 respuestas

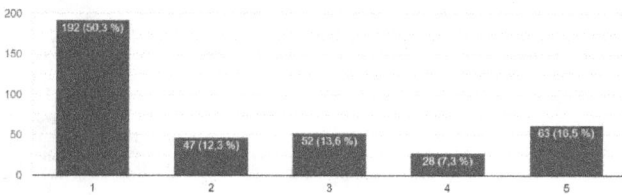

La mitad de los estudiantes encuentra altamente desfavorable que el profesor muestra preferencia hacia algunos compañeros dentro del grupo.

20. El docente explica con claridad sus clases (le entiendes a los temas):
382 respuestas

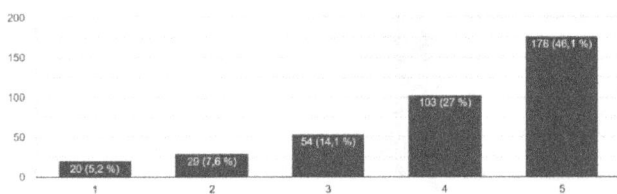

El 46% de los estudiantes logra comprender los temas que el profesor aborda.

21. El docente no improvisa sus clases, es evidente que hay una preparación previa de la clase:
382 respuestas

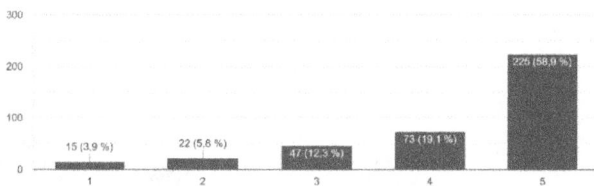

Seis de cada 10 estudiantes opinan que sus profesores preparan sus clases de manera anticipada, evitando la improvisación en los contenidos.

22. El docente revisa las tareas y ejercicios, califica con base en indicadores revisados previamente:
382 respuestas

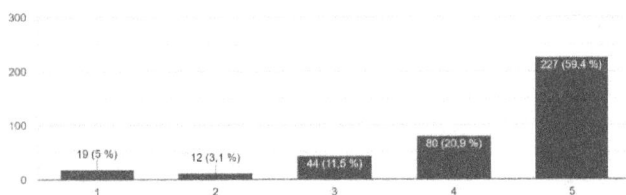

Seis de cada diez alumnos consideran que las tareas son evaluadas teniendo en cuenta los indicadores previamente presentados.

23. La retroalimentación que hace respecto a mis tareas me permiten comprender mejor los contenidos que revisamos:

382 respuestas

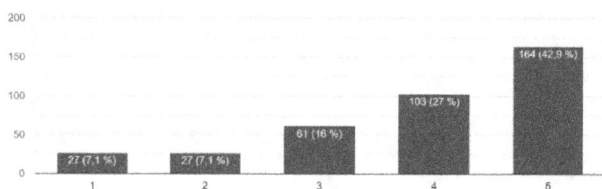

Esta gráfica arroja información importante en cuanto a la retroalimentación de las tareas, pues, permite observar el aprendizaje alcanzado en el estudiante. Se encuentra que el 43% de los estudiantes logra el aprendizaje final de los contenidos a través de las tareas.

24. El docente brinda una clase interesante, definitivamente la recomendaría a mis compañeros:
382 respuestas

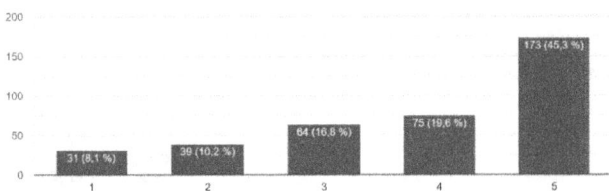

El 45% de los alumnos consideran que el docente brinda una clase interesante y a su vez la recomendaría a los compañeros.

Diagnóstico sobre los resultados del programa en Ciencias de la Comunicación

Se entiende que el diagnóstico de la evaluación temprana señala que los docentes en general están bien evaluados, pero hay áreas de oportunidad en la creación de espacios alternos para abordar dificultades, mejorar las actividades propuestas, explicar temas y proporcionar una retroalimentación más completa a través de las tareas. Esto sugiere la necesidad de ajustes en la metodología y comunicación educativa.

Se advierte que, si bien los docentes obtienen evaluaciones positivas en general, existen oportunidades significativas para mejorar el proceso educativo. En particular, se destaca la necesidad de implementar espacios alternos que aborden las dificultades de comprensión de los temas. Además, se sugiere enriquecer las actividades propuestas por los docentes para fomentar el desarrollo de habilidades adicionales. Asimismo, se identifica una oportunidad para mejorar la claridad en la explicación de los temas abordados en clase. Por último, se subraya la importancia de proporcionar una retroalimentación más robusta a través de las tareas asignadas. Estos ajustes apuntan a optimizar la calidad del proceso educativo y maximizar el aprendizaje de los estudiantes.

Análisis del programa de Relaciones Internacionales

La evaluación temprana del programa de Relaciones Internacionales (RRII) reviste una importancia estratégica al contar con un conjunto significativo de 456 encuestas. Este análisis profundo permite una comprensión más precisa del impacto y la efectividad del resultado del aprendizaje bajo el liderazgo de los docentes. A través de la minuciosa interpretación de estos datos, se busca indagar de manera integral y potenciar las areas efectivas por otro lado trabajar en las areas de oportunidad.

1. El docente inicia puntualmente su clase:
456 respuestas

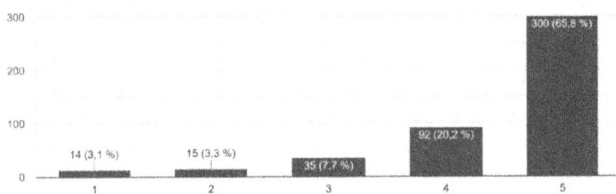

El 65% de los docentes inician en tiempo su clase.

2. El docente termina la clase en la hora estipulada:
456 respuestas

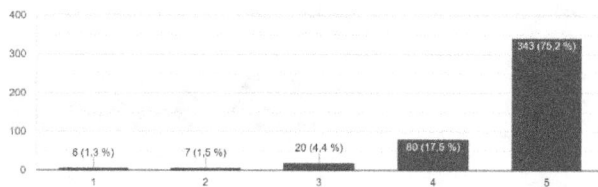

Siete de cada diez alumnos consideran que la clase termina en tiempo.

3. El docente falta a clases
456 respuestas

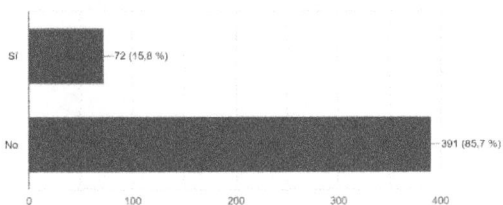

Sí — 72 (15,8 %)

No — 391 (85,7 %)

Ocho de cada diez alumnos consideran que la asistencia del docente es buena.

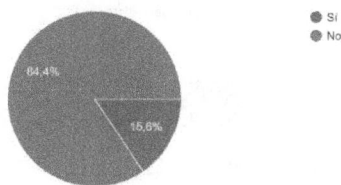

Es positivo destacar que el docente ha demostrado buena asistencia, pues ocho de cada diez alumnos considera que no ha faltado a clases. Esto contribuye a la consistencia y estabilidad en el entorno educativo brindando a los estudiantes una presencia constante y un ambiente propicio para el aprendizaje.

5. Revisó con el grupo el contenido de la materia
456 respuestas

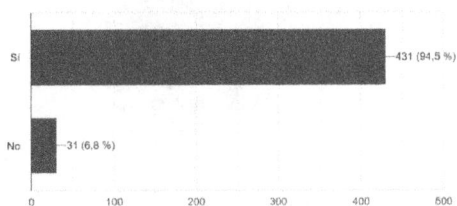

El docente ha dedicado tiempo en revisar el contenido de la materia con el grupo.

6. El docente explicó de manera clara la forma en que será evaluada la materia y la ponderación de los diferentes criterios a considerar para su acreditación:
456 respuestas

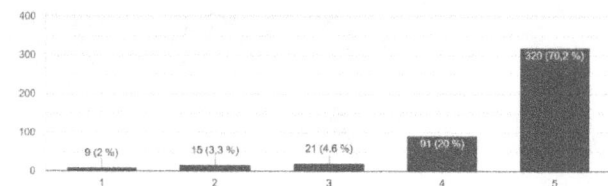

Siete de cada diez alumnos considera que el docente brinda explicaciones claras de la materia incluyendo la ponderación de los diferentes criterios a considerar para su acreditación.

7. El docente toma asistencia en todas sus clases:
456 respuestas

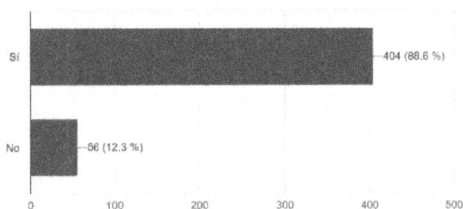

De acuerdo a la encuesta el docente toma asistencia en sus clases. Esta práctica contibuye a mantener un registro preciso de la asistencia, lo que es fundamental para el seguimiento y el rendimiento académico.

8. La forma en que aborda los contenidos me hacen ver que es experto en el tema:
456 respuestas

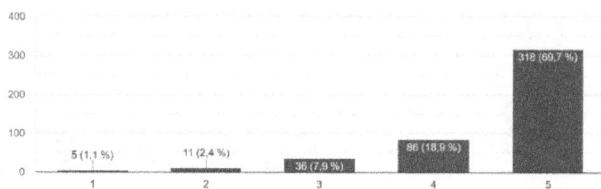

Siete de cada diez alumno perciben al docente como un experto en la forma en que aborda los contenidos, esto contribuye a la confianza de los estudiantes en la enseñanza

9. El docente brinda ejemplos prácticos que me hacen aprender fácilmente:
456 respuestas

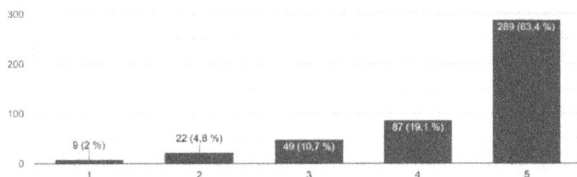

Más de la mitad de los encuestados considera que los ejemplos prácticos que proporciona el docente le hacen comprender fácilmente el tema.

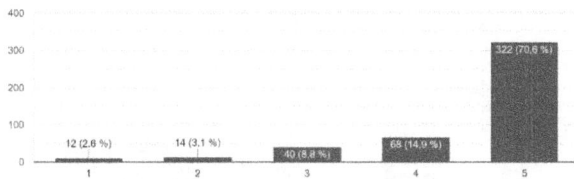

El 70% de los estudiantes considera al docente como un experto que tiene la capacidad de resolver dudas y preguntas en clase.

11 El docente brinda espacios alternos, fuera de la sesión de clase para dar respuesta a alguna
duda o responder a alguna dificultad que tengo para comprender algún tema:
456 respuestas

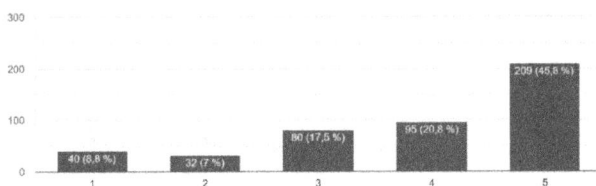

El 45% de los alumnos reonoce que el docente ofrece espacios alternos fuera de las sesiones para abordar dudas o preguntas relacionadas con la dificultad en entender el tema. Esto indica una disposición del docente en proporcionar apoyo.

12. Las actividades que pide el docente definitivamente me permiten desarrollar nuevas habilidades:
456 respuestas

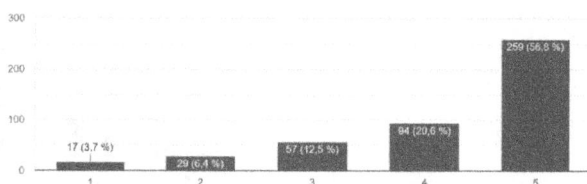

Más de la mitad de los encuestados nota que lo solicitado en tareas por el docente permite desarrollar nuevas habilidades. Esta conexión entre las demandas del docente y el crecimiento de habiidades ofrece una perspectiva valiosa para el aprendizaje integral.

13. El docente siempre presenta el objetivo, hace un desarrollo y termina con una conclusión su clase:

456 respuestas

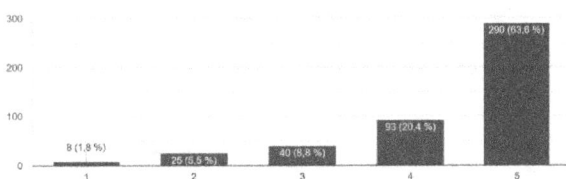

El 63% de los encuestado observa que el docente sigue una estrucutura clara en sus clases. Esta metodología facilita el seguimiento y comprensión de los estudiantes brindando una experiencia de aprendizaje más sólida.

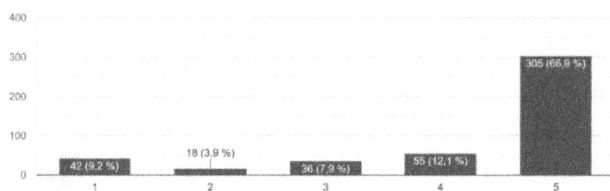

Siete de cada diez alumnos identifica que el uso constante de diapositivas por parte del docente para explicar los contenidos es un beneficio al proporcionar un respaldo visual.

15. El docente hace uso de diferentes recursos y herramientas para explicar los contenidos, va más allá del uso de diapositivas:
456 respuestas

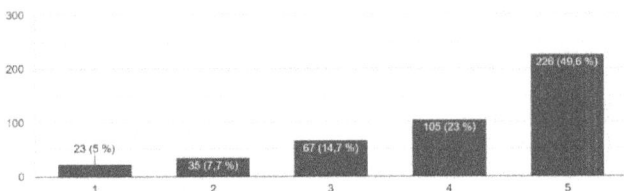

El 50% de los encuestados considera que el docente además de las diapositivas hace uso de diferentes recursos y herramientas para explicar los contenidos, haciendo el aprendizaje más integral.

16. El docente trata con respeto a todos los alumnos:
456 respuestas

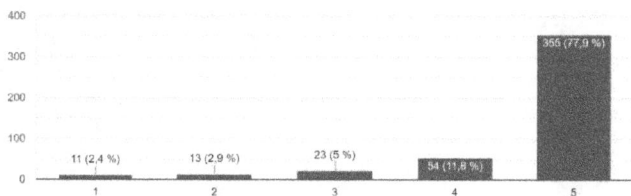

El 78% de los alumnos percibe que el docente los trata con respeto. Este aspecto es esencial para cultivar un ambiente positivo de aprendizaje.

17. El docente tiene un buen manejo de todo el grupo (la clase tiene orden y control):
456 respuestas

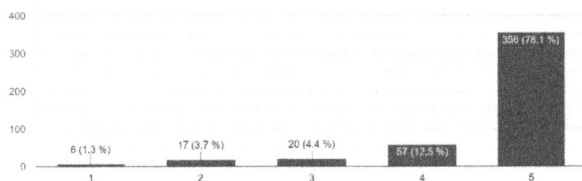

El 78% de los alumnos percibe que la clase se desarrolla con orden y control

18. El docente siempre motiva la participación de los alumnos:
456 respuestas

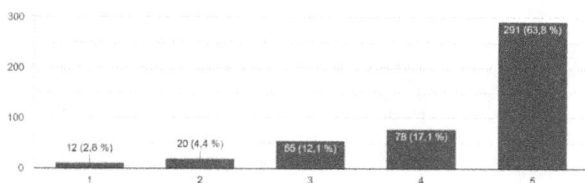

Seis de cada diez alumnos percibe que el docente motiva la participación en los alumnos.

19. El docente siempre muestra preferencias con algunos compañeros del grupo:
455 respuestas

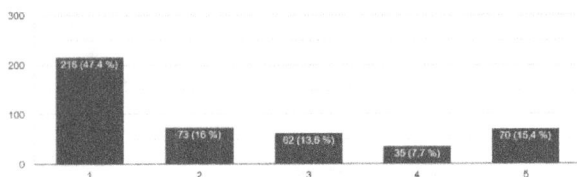

El 47% de los alumnos pecibe negativamente la posible preferencia que el docente muestra hacia algunos compañeros del grupo.

20. El docente explica con claridad sus clases (le entiendes a los temas):
456 respuestas

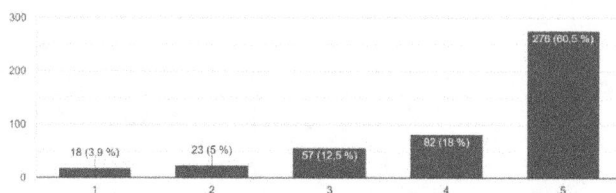

El 60% de los estudiantes entiende con claridad lo que el docente explica en sus clases. Esta comprensión general refleja una efectividad en la comunidad docente.

21. El docente no improvisa sus clases, es evidente que hay una preparación previa de la clase:
456 respuestas

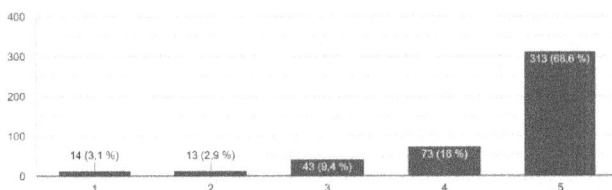

Siete de cada diez alumnos perciben que el docente no improvisa en sus clases, indicando una clara preparación previa. Esta planificación contribuye a la estructura y eficacia del proceso educativo.

22. El docente revisa las tareas y ejercicios, califica con base en indicadores revisados previamente:
456 respuestas

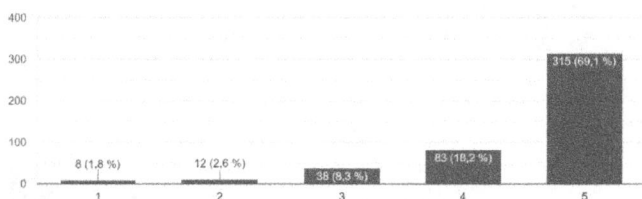

El 69% de los alumnos esta satisfecho con la revisión de tareas y ejercicios que califica el docente, especialmente cuando se basa en indicadores revisados previamente. Esta retroalimentación estructurada puede contribuir significativamente al aprenizaje y desarrollo de los estudiantes.

23. La retroalimentación que hace respecto a mis tareas me permiten comprender mejor los contenidos que revisamos:

456 respuestas

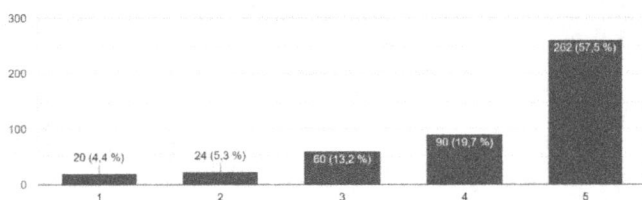

Más de la mitad de los alumnos percibe que la retroalimentación proporcionada por el docente lo ayuda a comprender mejor los contenidos.

24. El docente brinda una clase interesante, definitivamente la recomendaría a mis compañeros:
456 respuestas

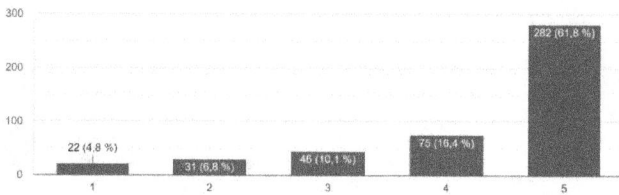

Más de la mitad de los alumnos encuentra las clases del docente interesantes y estarían dispuestos a recomendar la clase a sus compañeros. Esta percepción positiva puede contribuir a un aprendizaje motivador.

Si tuviera que evaluar a mi docente del 1 al 10, yo lo calificaría con:
456 respuestas

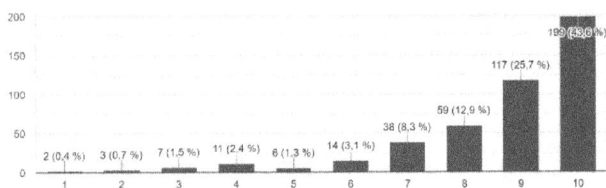

De un total de 456 estudiantes, encuestados, un 44% de ellos califican a sus docentes con la máxima calificación, mientras que un 26% le da por calificación un nueve. Es decir que siete de cada diez alumno le da una calificación alta a sus docentes.

Diagnóstico del programa de Relaciones Internacionales

Una vez analizada la información disponible, el diagnóstico educativo revela aspectos positivos, como la percepción general de una preparación sólida y un buen manejo del grupo por parte del docente. Además, destaca la consideración mayoritaria de que las clases son interesantes y recomendarían la materia. No obstante, se identifican áreas de mejora, como la percepción de preferencias hacia algunos estudiantes y la necesidad de fortalecer la retroalimentación y la atención a dudas. Estos elementos sugieren la importancia de promover la equidad, mejorar la comunicación y enriquecer las estrategias pedagógicas para maximizar la calidad del aprendizaje.

En particular, se destaca la necesidad de implementar espacios alternos que aborden las dificultades de comprensión de los temas. Además, se sugiere enriquecer las actividades propuestas por los docentes para fomentar el desarrollo de habilidades adicionales. Asimismo, se identifica una oportunidad para mejorar la claridad en la explicación de los temas abordados en clase. Por último, se subraya la importancia de proporcionar una retroalimentación más robusta a través de las tareas asignadas. Estos ajustes apuntan a optimizar la calidad del proceso educativo y maximizar el aprendizaje de los estudiantes.

Evaluación a la docencia por competencias, modelo aplicable en la Universidad Autónoma de Chihuahua

El Sistema Integral de Evaluación a la Docencia por Competencias se fundamenta en la evaluación realizada por tres agentes con el fin de determinar el promedio y nivel de logro competencia. Los agentes involucrados y las competencias que evalúan son los siguientes:

- Estudiantes:
- Interacción pedagógica Inclusiva
- Valoración del desarrollo de competencias
- Directivos:
- Gestión de la formación continua
- Realización de gestión académico-organizativa
- Autoevaluación Docente:
- Interacción pedagógica Inclusiva

- Gestión académico-organizativa

- Valoración del desarrollo de competencias

El reporte del Sistema de Evaluación a la Docencia proporciona información correspondiente al ciclo escolar del Semestre Agosto a Diciembre de 2023, enfocado en el nivel académico de Licenciatura de la Facultad de Ciencias Políticas y Sociales de la Universidad Autónoma de Chihuahua.

Determina lo siguiente:

EVALUACIÓN ESTUDIANTES:

COMPETENCIA	MEDIA DE LA FACULTAD DE CIENCIAS POLÍTICAS Y SOCIALES	MEDIA UNIVERSITARIA
Interacción pedagógica Inclusiva	4.38	4.41
Valoración del desarrollo de competencias	4.38	4.40

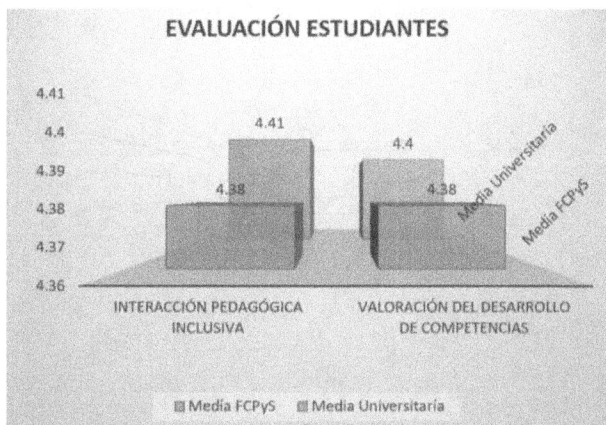

EVALUACIÓN ESTUDIANTES

Análisis de la percepción académica desde la óptica del estudiante

EVALUACIÓN DIRECTIVOS:		
COMPETENCIA	MEDIA DE LA FACULTAD DE CIENCIAS POLÍTICAS Y SOCIALES	MEDIA UNIVERSITARIA
Gestión de la formación continua	4.79	4.70
Realización de gestión académico-organizativa	4.79	4.74

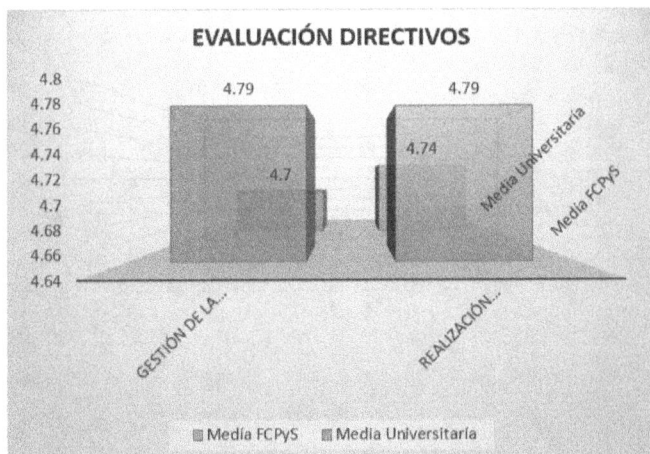

EVALUACIÓN DIRECTIVOS

AUTOEVALUACIÓN DOCENTE:

COMPETENCIA	MEDIA DE LA FACULTAD DE CIENCIAS POLÍTICAS Y SOCIALES	MEDIA UNIVERSITARÍA
Interacción pedagógica Inclusiva	4.95	4.80
Realiza gestión académico-organizativa	4.92	4.69
Valora el desarrollo de competencias	4.92	4.81

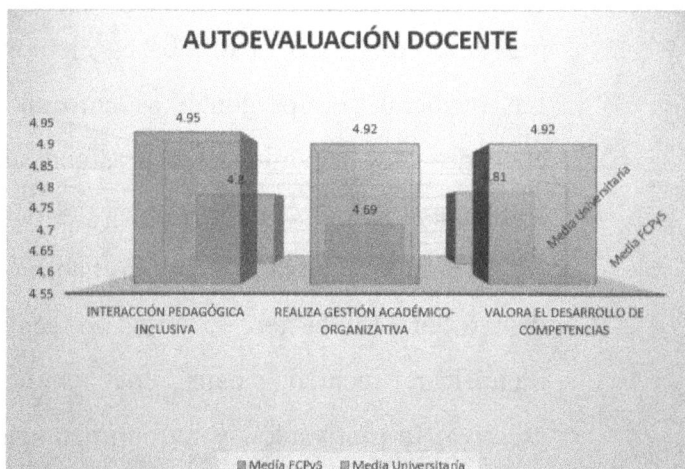

AUTOEVALUACIÓN DOCENTE

CONCLUSIÓN

Un semestre, marcado por desafíos para el personal docente, pues se ha implementado una estrategia clave: una evaluación temprana a través de una encuesta en Google Forms con 24 preguntas palpando cuatro bases elementales. Las primeras seis preguntas se enfocan en el encuadre y los lineamientos de la asignatura. Las siguientes exploran la experiencia del docente, las herramientas pedagógicas y las habilidades a desarrollar. En la tercera fase, se centra en identificar recursos para una explicación efectiva, la motivación y retroalimentación de los contenidos. En la última fase el interes es promover un trato digno y respetuoso hacia los alumnos.

Este enfoque integral busca no solo abordar críticas, sino también fortalecer la calidad educativa y mejorar la conexión entre docentes y estudiantes.

La percepción es el proceso mediante el cual interpretamos y organizamos la información sensorial para construir una comprensión del mundo que nos rodea. En el contexto de las evaluaciones tempranas de los programas educativos, la percepción se destaca como un factor clave. La forma en que los estudiantes perciben la calidad de la enseñanza, la experticia del docente y la efectividad de las herramientas pedagógicas puede influir significativamente en su experiencia educativa. Es crucial abordar y comprender estas percepciones para optimizar la calidad de la educación y fortalecer la relación entre docentes y alumnos.

Tras realizar un análisis exhaustivo de las evaluaciones tempranas de los programas educativos de Ciencias de la Comunicación (CC) y Relaciones Internacionales (RRII), emerge como conclusión central la relevancia de la percepción. Se observa que la comunicación desempeña un papel crucial, ya que la influencia del pensamiento subjetivo parece prevalecer sobre la realidad objetiva, subrayando la importancia de abordar y modular las percepciones para optimizar el impacto en los estudiantes de ambos programas, sobre la calidad académica.

Bibliografía

Cázares González, Fidel G. Estrategias cognitivas para una lectura crítica. México: Editorial Trillas. 2000.

Crovi Druetta, Delia. Acceso, uso y apropiación de las TIC en comunidades académicas. Diagnóstico de la UNAM. México: Universidad Nacional Autónoma de México. 2009.

Díaz-Barriga Arceo, Frida, Ma. De Lourdes Lule González, Diana Pacheco Pinzón, Elisa Saad Dayán y Silvia Rojas-Drummond. Metodología de diseño curricular para educación superior. México: Editorial Trillas. 2010.

Espíndola Castro, José Luis. Educar para el desarrollo. Capital social y ciudadanía. México: Editorial Porrúa. 2007.

Fermoso Estébanez, Paciano. Teoría de la educación. España: Editorial Trillas. 2003.

Fierro Murga, Luz Ernestina. Anclajes

limitantes del aprendizaje. Análisis cualitativo sobre las creencias que prevalecen entre los estudiantes de educación superior. México: Universidad Autónoma de Chihuahua. 2010.

Langer, Ellen J. El poder del aprendizaje consciente. España: Editorial Gedisa. 1999.

Melgar Adalid, Mario. Educación superior propuesta de modernización. México: Fondo de Cultura Económica. 1994.

Moreno Rosano, Patricia, Wietse de Vries Meijer. Examinar la evaluación de la docencia. Un ejercicio imprescindible de investigación institucional. México: Biblioteca de la educación superior. Asociación Nacional de Universidades e Instituciones de Educación Superior (ANUIES). 2014.

Montero Mendoza, María Teresa. Universidad tiempos violentos y responsabilidad social. México: El Colegio de Chihuahua. 2018.

Pagés, Teresa, Albert Cornet, Jordi Pardo (Coords.) Buenas prácticas docentes en la universidad. Modelos y experiencias en la Universidad de Barcelona. España: Ediciones Octaedro. 2010.

Pérez García, Martha Estela. Luchas de arena: las mujeres en Ciudad Juárez. México: Universidad Autónoma de Ciudad Juárez. Pp. 12.

Pick, Susan y Ana Luisa López. Cómo investigar en ciencias sociales. México: Editorial Trillas.1984.

Villar Angulo, Luis Miguel (Coord.) Programa para la mejora de la docencia universitaria. España: Pearson Prentice Hall. 2004.

Sobre los autores:

M.C Karen Marisela Mendoza Ureña

Maestra en Comunicación por la Facultad de Ciencias Políticas Sociales de la Universidad Autónoma de Chihuahua, actualmente imparte materias relacionadas con la administració y manejo de los Recursos Humanos, actividad profesional que ejerce al ser la Coordinadora Administrativa de la Facultad en extensión Chihuahua.

Se ha especializado en el manejo y análisis de datos en el proceso de investigación cualitativa; lo que le permite tener un amplia óptica sobre los fenómenos sociales y académicos.

M.C Sandra Angélica Pérez Alarcón

Profesora Investigadora de Tiempo Completo, en la Facultad de Ciencias Políticas Sociales de la Universidad Autónoma de Chihuahua, cuenta con una maestría en Ciencias de la Comunicación y candidata a Doctora en Administración Pública por el Instituto Internacional del Derecho y el Estado (IIDE).

Es autora de varios artículos y libros en coautoría en la Revista: Dilemas Contemporáneos: Educación, Política y Valores: con el artículo "El amor como causa formal, material y eficiente de la educación", artículo "Prácticas Docentes Generadoras del Aprendizajes Significativos en los Estudiantes Universitarios".

M.C Francisco Javier Luevano de la Rosa

Es Profesor-Investigador Tiempo Completo en la Facultad de Ciencias Políticas y Sociales de la Universidad Autónoma de Chihuahua; miembro del Grupo Disciplinar: Gobernanza, Comunicación y Desarrollo Regional, trabaja en asesoría direct con alumnos que se encuentran cursando los últimos semestres en el grado de licenciatura y maestría. El profesor Luévano de l Rosa aborda temáticas relativas a la historia regional, los estudios culturales y la comunicación oral, líneas de investigación que inciden en el escenario fronterizo. Cuenta con una maestría en Comunicación y es candidato a Doctor en Investigación por el Colegio de Chihuahua.

M.C Adrián Ventura Lares

Es Profesor Investigador Tiempo Completo, de la Facultad de Ciencias Políticas y Sociales de la Universidad Autónoma de Chihuahua; es catedrático en las materias de la licenciatura en Ciencias de la Comunicación, destinadas al Periodismo, Lenguaje y Comunicación.

Cuenta con una maestría en Comunicación; es autor de varios artículos y textos que abordan temas sobre ; enseñanza en la modalidad virtual y análisis de datos en la educación superior, en la actualidad se desempeña además como coordinador académico del campus Chihuahua de la Facultad de Ciencias Políticas y Sociales.